AF862545

Cómo Salir de Deudas

Una Estrategia Probada Para Tomar El Control de Tu Libertad Financiera y Superar Las Deudas, Préstamos Vehiculares, Préstamos Estudiantiles, Hipotecas y Más

Volumen 2

Por

Income Mastery

en los que el editor o el autor de este libro puedan ser considerados responsables de cualquier dificultad o daño que pueda ocurrirles después de realizar la información aquí expuesta.

Además, la información en las siguientes páginas está destinada únicamente a fines informativos y, por lo tanto, debe considerarse como universal. Como corresponde a su naturaleza, se presenta sin garantía con respecto a su validez prolongada o calidad provisional. Las marcas comerciales que se mencionan se realizan sin consentimiento por escrito y de ninguna manera pueden considerarse como auspicios de la misma.

TABLA DE CONTENIDO

Introducción

En esta vida, nos endeudamos por adquirir cosas, comencemos por ahí. Ya sea para pagar el centro de estudios de nuestros hijos, abrir nuestro primer negocio, adquirir un automóvil, comprar una casa o mejorar la que ya tenemos, y así. Sin embargo, sin inteligencia emocional no nos estamos conduciendo bien en la vida financiera. No es malo tener deudas, eso lo iremos repitiendo tal vez más de una vez a través del libro. Lo malo es dejarnos llevar por falsas expectativas de estabilidad, no saber cuánto tenemos en el bolsillo y con el uso tal vez indiscriminado de la tarjeta de crédito, no solo adquirimos cosas, también deudas, intereses, y puntajes a favor o en contra para las diversas entidades. Las consecuencias funestas serían el embargo de bienes presentes y futuros, no acceder a ningún crédito más y en consecuencia, seguir debiendo a nuestros acreedores.

Como persona que ya genera ingresos y gastos, considero que algunos episodios de mi vida y también los de personas de mi entorno, son necesarios e importantes para aprender a organizarnos, no solo en lo laboral y en lo personal, sino en lo concerniente a las finanzas. En esta edición verás los diversos tipos de créditos a los que tenemos acceso, las complicaciones desfavorables para nosotros, el abuso de los mencionados créditos que podrían llegar a ser deudas casi impagables, y sí, les digo casi porque ninguna entidad va a querer perder un cliente, por más moroso que sea la coordinación con las diversas entidades financieras y bancarias para poder pagar en cuotas la deuda.

También, como personas debemos entender que por más pequeña que sea, no se debe usar dinero que no es de uno para pagar otras deudas que tengamos, aunque hay excepciones que siendo usadas sabiamente, generarían un ingreso. Y es solo uno de los casos que vamos a ver.

Repetiré: Tener deudas es ventajoso, una de ellas es que puede ser el origen para comenzar ese emprendimiento que aún tienes en mente pero que no hallabas la forma de cómo comenzar. Aquí te lo presentaremos.

¿Sabías que estás comprando inversión y gasto a la vez en un automóvil? Desde luego, porque al darle el uso que tú quieras, ya comienza a perder su valor en el mercado, y en un breve tiempo lo tendrás que reemplazar o vender para recuperar algo de lo invertido.

Te tengo otro aprendizaje: Tú estás un día en el trabajo y puedes tranquilamente tomar un café, comer un snack, almorzar fuera de la oficina, comprarte otro snack, beber otra bebida, tienes la audacia de pagarlo con el atractivo y peligroso "dinero plástico" cuando te das cuenta, a fin de mes, que tienes que pagar una buena cantidad de deuda hormiga que podías haberte evitado.

Y así como la deuda hormiga, también puedes adquirir deudas para poder llegar con tranquilidad a fin de mes. Te recuerdo, y discúlpame de antemano lo malo que pueda haber en la siguiente frase, pero un recorte de personal y no tener un ahorro para afrontar un indeseable desempleo, y te agarras la cabeza para culpabilizarte "“¿Por qué no preví esta situación?”.

Aunque aparezcan algunos concepto de deuda a continuación, recuerda que una deuda bien llevada, es una deuda a nuestro favor.

¿Te acuerdas que te dije que a los bancos le interesan no perdernos como clientes? Claro, y una de sus formas es comprarnos nuestra deuda, lo que tenemos que coordinar con el banco es si nos puede facilitar las fechas de pago a nuestro favor.

Esta y otras más lecciones las iremos aprendiendo a través del libro, con ejemplos ilustrados, y en ti está el cómo aplicar las distintas alternativas de solución que se te presentan.

Uno de mis métodos favoritos de generar ahorro es el 50-30-20 ¿Lo conoces? Y si lo conoces ¿Lo empleaste en tus propias finanzas? Eso es tener el control de tu dinero en las manos, saber que una parte de tu dinero no se irá en deudas hormigas, sino para la apertura de nuevos horizontes.

Me hace recordar la situación de un colega de carrera: Él estuvo en un trabajo durante un tiempo regular. Ya había hecho sus ahorros pero lo que no previó fue que la búsqueda laboral le tomaría dos años, en el que había tenido diversas formas de ingreso pero no percibía lo que ganaba en un entorno laboral más establecido y regulado por ley del trabajo, y gran parte de lo que había guardado mermó considerablemente. Pero también lo invirtió en su educación complementaria a la carrera estudiada, garantizado de que ese dinero vuelve en forma de una mejor situación laboral. Y eso sucedió. Ya va más de un año y medio que este colega trabaja en la agencia en la que se encuentra. Pudo juntar nuevamente más dinero y con un préstamo bancario, primero rentó, y luego adquirió un apartamento.

Buscamos nuestra mejora, buscando cómo salir inteligentemente de las deudas que nos invaden. Hay métodos que no recomiendo usar, sin embargo está ahí por si la situación financiera ya de por sí es insostenible.

También quiero traer a colación otro ejemplo de perseverancia y ahorro para salir de una situación que podría gestionar una deuda: Un tiempo en el que trabajé en una agencia starup, dos de mis colegas eran las mejores creando contenidos. Llegaron a ganar lo suficiente y ser cotizadas para otras agencias. Sin embargo, cuando cambiaron las estadísticas de cierta red social, tuvieron que ser despedidas. Una de ellas emigró a las salas de redacción y sale de viaje cuando le tocan sus vacaciones, esto es una vez al año; la otra, con los ahorros que tuvo, potenció y se consolidó como creadora de contenidos, tiene un ingreso que le genera un emprendimiento de venta de ropa, y además viaja cuando le place. Pudo armar un buen equipo emprendedor que le genera ingresos y sigue trabajando en ellos, desde la comodidad de su casa.

Espero haberte animado con esta introducción a lo que trata en realidad este libro, y descubras la manera de superar tus deudas.

Capítulo 1 - Deudas, préstamos vehiculares, préstamos estudiantiles, hipotecas y más

En memoria a un querido profesor de periodismo, empezaré con su consabida frase de inicio de clase ¿Con qué temas abrimos el kiosko hoy? Deudas por pagar, deudas por programar, compras de deudas, préstamos para comprar autos, maestrías, doctorados, tu casa o espacio soñado… tantos elementos. Pero antes de empezar, vamos a hacer un rápido diagnóstico de la situación:

- Para pagar pides prestado por otro lado.
- Sólo puedes cubrir pago mínimo de tus tarjetas de crédito.
- Utilizas el 'dinero de plástico' para pagos que antes realizabas en efectivo.
- Te quedas sin dinero a mitad de quincena y el resto lo financias con tarjetas.

Si te sientes identificado, alerta. Para los que aún dudan de las frases, pongamos que si no tienes capital suficiente para pagar tus cuentas mensuales y ahorrar al menos 10% cada mes, algo está mal, quizá estás viviendo por encima de tus recursos económicos, así lo describe Roberto Bello.

1.1 ¿Qué es una deuda?

Entendemos por deuda un compromiso u obligación contraída en relación con alguien o algo para reponer una situación. La definición de deuda se aplica mayormente en contextos en los que hay alguna actividad económica. Valga decir: negocios, compraventa, préstamos, y más.

Existen 4 tipo de deudas:

1.1.1 Deuda hormiga:

Se da por la falta de administración en sus finanzas. Son pequeños pagos y gastos que le hacen incurrir en préstamos y créditos. Ejemplos: usar tarjetas para comprar sus elementos diarios, prestarse dinero de amigos o gastar antes de recibir su abono. Esos gastos pequeños poco a poco se vuelven un efecto bola de nieve que a fin de mes, en vez de dedicarte a ahorrar esa parte, resulta ser gastada, en ciertas veces de manera muy tonta.

1.1.2. Deuda ficcional:.

Se trata de vivir por encima de nuestras posibilidades económicas. Lo que recibe mes con mes va creando una ilusión de estabilidad. Un ejemplo propio es que yo solicité un préstamo fuerte cuando estaba trabajando para una empresa periodística y pensaba que me podía quedar un buen tiempo, así que solicité un préstamos para la compra de un automóvil a dos años. Solo conservé mi trabajo por 8 meses y estuve muy ajustada para poder pagar el auto, así que tuve que venderlo solo para cubrir una parte de la deuda. No sientas que estás pisando nubes.

1.1.3. Deuda de apalancamiento / Invertir:

El apalancamiento se trata de cuando una persona invierte dinero que no es propio, en un negocio o una propuesta, que viene de un crédito o préstamo.

De lograrse el éxito, muy bien. Pero si se fracasa puede significar un gran error para sus finanzas personales.

Les voy a contar un ejemplo de este tipo: Trabajé hace mediano tiempo en una agencia de creación de contenidos, que comenzó como startup, un concepto de empresa de nueva creación que comercializa productos y/o servicios a través del uso intensivo de las tecnologías de la información y la comunicación (TIC's). Cuando el negocio parecía proyectarse bien, es donde la plataforma de redes sociales que se usaba,

Facebook, ajustó sus algoritmos he hizo que el alcance de los contenidos bajaran hasta niveles que les redituaba poco dinero. Entonces mi jefe despidió a la mayoría de empleados y solo se quedó con un proyecto, que era de su hermano, para enfocar sus esfuerzos en sacarlo adelante, y debo decir que sí resultó redituable.

Otro ejemplo es, un préstamo que mi madre convirtió con su habilidad en deuda de apalancamiento. Ella había pedido el dinero para agrandar el inmueble que tiene en propiedad conyugal, y como vivimos cerca de una zona comercial, valga decir, mercados, negocios pequeños, vendedores ambulantes que generan ganancias, decidió prestar parte del dinero del inmueble a estos comerciantes y cobrarles un interés amigable, más fácil de devolver que el de las financieras o los prestamistas habituales. De lo que tenía que pagar en 12 meses, pudo recuperar el dinero prestado en solo dos meses. Sí, ella se proyectó.

Una buena forma de apalancarse es por medio de la compra de un inmueble para alquilarlo después. Las deudas menores o hipoteca de dicho inmueble se irá pagando automáticamente con el pago de la renta. Otro ejemplo sería solicitar un crédito automovilístico, comprar un auto y utilizarlo para los aplicativos de taxis.

Este tipo de deuda es la única que puede generar rendimientos y crecimiento.

1.1.4. Deuda de subsistencia:

Es adquirida para poder llegar al fin de mes. Debe cumplir 2 condiciones: La primera es que se destine el dinero únicamente a pago de cosas básicas: alimento, vivienda o salud. No gastos de lujos o esparcimiento. Generalmente lo usan las personas que tienen más de una persona dependiente económicamente de ellos, debido a la urgencia de dinero en el momento, suelen aceptar tasas de intereses exageradas. Un ejemplo de vida real es que un amigo y su novia pedían prestado cantidades de $200 cada mes para ayudar a la madre de él, y los intereses para pagar eran muy altos.

1.2 Tener deudas tiene sus ventajas

Sí, dele a play otra vez. Siempre y cuando se piense en realizar una inversión que mejore su calidad de vida, analiza adecuadamente para qué nos endeudamos y que las cuotas e intereses que tendremos que pagar se vean ampliamente recompensados por el beneficio que obtenemos con el bien o servicio por el que nos endeudamos. Si es responsable con su deuda y no gasta más de lo que posee, le va a convenir en grande. Tenga en cuenta los siguientes factores cuando se endeude para invertir:

- Capacidad de pago
- Términos y condiciones del contrato

- Tasa de interés
- Formas de pago
- Capacidad de endeudamiento

Y estas son las ventajas al tener una deuda que se dirija a la inversión.

- **Incrementa tu historial crediticio** que te ayudará a ser visto positivamente por las diversas entidades bancarias y derivadas al momento de solicitar préstamos o servicios.

- **El préstamo permite realizar inversiones o aprovechar oportunidades** que con el tiempo le puede generar ingresos. Un ejemplo es, un amigo estudiante de veterinaria, quien pidió una fuerte suma de dinero para implementar una tienda de mascotas en casa, mientras no asistía a la universidad. Lo que le generó en baños a mascotas, venta de accesorios y atención en salud, pudo devolver el préstamo, renovó sus instrumentos para el grooming y pago un semestre académico para volver a estudiar.

- **Mejorar su calidad de vida y sus perspectivas:** Endeudarse responsablemente cuando su calidad de vida puede mejorar y no da tiempo para ahorrar está muy bien. Una tía mía, luego de ser enfermera, decidió junto a su esposo, luego de usar sus ahorros y el préstamo que le proporcionó el banco, capacitarse en todo lo que tratara de técnico en telefonía. Pasó de educar a 10 personas en el sótano de su casa, a tener una institución con más de 800 alumnos al mes que se educaban para ser técnicos de telefonía y teleoperadores. Mejoró laboral, educativa, familiar y financieramente en un tiempo relativamente corto.

- **Le permite organizar su flujo de caja en varias cuotas futuras**. El dinero que solicitas puede ser pagado en partes. Solo depende del acuerdo al que llegues con quien te proporciona el préstamo. Recuerdo que hice dos movidas con mi tarjeta de crédito: Saqué un préstamo personal de $250 y adquirí un celular por cerca de $300. Y llevaba ambas deudas a la par porque pude organizar su cumplimiento de pago con los ingresos que recibía.

- **La deuda bien llevada, puede ser el comienzo de una vida empresarial:**. Este capital le ayudará a poner en marcha esos primeros meses de su negocio. Aún recuerdo los primeros días de negocio de mis padres, en el que de una pequeña peluquería, creció en bazar y librería, en 3 años.

- **El préstamo ayuda en una emergencia:** Porque le puede permitir una mejor salida a la situación que usted o su familia enfrentan. Sucedió en mi vida familia: Hace varios años, mi familia vivía en un pequeño departamento, con un angosto callejón de entrada. Un día, mi hermano de ese entonces 7 años jugaba con nuestra mascota, un perro mestizo, en el callejón y cerca a ellos una botella de vidrio. Al rebotar ambos junto a la botella, se rompió, y una esquirla le cortó una parte del rostro a mi hermano. Mis padres usaron el crédito de la tarjeta para pagar la emergencia de salud, incluyendo la cirugía estética.

1.3 ¿Sabías que tu deuda puede ser buena o mala...o muy mala?

Sí, ya antes se había advertido de que no hay deuda buena o mala, sino deuda a nuestro favor. Pero no está mal que te guíes para poder tomar una decisión sobre la situación en la que está tu deuda.

1.3.1 Deuda buena:

Sigue siendo una deuda, con un valor añadido para nosotros, como lo es por ejemplo, endeudarse por la compra de una vivienda, pues posiblemente el inmueble aumentará su valor en el futuro. Y les puedo asegurar que sí. Mi padre de joven adquirió un terreno sin construir a $6000. Le hizo un par de arreglos como piso y entrada, se lo vendió a otra persona por un valor de $13000, y en 4 años, el nuevo propietario se lo vendió a la actual dueña del lugar, que lo está vendiendo a $40000 al día que escribo estas líneas.

Otro ejemplo es el pago de unos estudios, porque te sirven para adquirir conocimientos que te ayudarán a conseguir un trabajo y ganar dinero suficiente para solventar la deuda y mejorar tu calidad de vida. Un ejemplo más es la adquisición una deuda para montar un negocio. Por supuesto, con esto estás asumiendo un riesgo, con lo que si sale mal, el concepto de deuda "buena", obviamente no sería aplicable. Pero sí en el caso contrario, en el que los beneficios que genere el negocio sean suficientes para poder pagar el crédito y obtener una buena rentabilidad.

Así lo establece el empresario y escritor estadounidense Robert Kiyosaki en su libro "Padre Rico Padre Pobre": "La deuda buena es la deuda que te hace más rico, como un préstamo para una propiedad de inversión o para la compra de equipos para su negocio que le hará un retorno próximo. Este es el tipo de deuda que se utiliza para comprar activos".

Les ilustro un ejemplo de la vida: Mi padre, cuyo padre era de una provincia costera, ha decidido adquirir un inmueble en el terruño de mi abuelo, cuyo costo es el equivalente a $360, y que al cabo de un buen tiempo, su costo será aproximadamente de $1490. Una deuda hoy, una inversión mañana.

Resumiendo, una deuda buena tiene que ver con el valor a largo plazo.

1.3.2 Deuda mala:

Es esa que se adquiere para satisfacer una necesidad que no es de vital importancia y que, además no nos podemos permitir. No generan ingresos y alguna deuda inicial aumenta al sumarle los intereses que no se pueden absorber con el crecimiento económico.

Los ejemplos están en la compra de un bien que no necesitamos y no nos podemos permitir, como una televisión o una cocina, o productos o servicios cuyos plazos de amortización sean superiores a la duración del producto financiado, como un viaje pagado con tarjeta de crédito, son algunos de los ejemplos de este tipo de deuda.

Un ejemplo de deuda mala es un primo mío, quien compró una mesa de billar que se convierte en mesa de comer. Pero al cabo de poco tiempo, la mesa comenzó a presentar deficiencias como polillas en el mueble, curvatura de la superficie lisa por humedad, entre otros problemas, por lo que mi primo tiene que gastar en reparaciones.

Otro ejemplo de deuda mala es de un amigo mío y su esposa, quienes rentaron un espacio que da a la calle de la casa de la madre de él para instalar un negocio de copias, bazar y pagos de servicios. Malos manejos administrativos, y pocas ganancias, hicieron que el negocio quiebre, pero de lo que se ha ganado en el mismo, se puede pagar las deudas adquiridas en la financiera.

En resumen, las personas utilizan el crédito para adquirir bienes que pierden valor y que generan más gastos que beneficios, generarán su mala deuda.

1.3.3 Deuda muy mala:

Las peores deudas son las que tienen una Tasa Anual Equivalente (TAE) muy alta: Créditos de los cajeros automáticos, pagos aplazados o mínimos de las tarjetas de crédito y los créditos rápidos. De no controlarse esas deudas puede provocar el efecto bola de nieve, vas a deber más que antes debido a tu no control.

Para enfrentar esto, consulte el presupuesto que tiene, calcule cuánto serán al mes los gastos adicionales del reembolso del préstamo o crédito más los intereses. Hágase las siguientes preguntas:

- ¿Lo necesita?
- ¿Lo necesita ahora o podría esperar hasta poder pagarlo en efectivo?
- ¿Cuánto más le va a costar comprarlo con crédito que si utilizara efectivo?
- ¿Puede permitirse los pagos mensuales?
- ¿Qué otras cosas tendrá que sacrificar para poder pagar las cuotas mensuales?
- ¿Qué TAE le cobran? ¿Podría conseguir condiciones mejores?
- ¿Le cobran otros gastos no incluidos en la TAE?

- ¿Cuánto supone el coste total?
- ¿Cuánto subirán las cuotas mensuales si suben los tipos de interés?

Sí, yo estuve en una deuda muy mala y les cuento como llegué a esto, para que no lo repitas: En agosto de 2016, me excedí en el uso de la tarjeta de crédito de un conocido banco en mi país. Antes de continuar, manejaré los montos en dólares americanos, ya que la moneda en mi país es el nuevo solo pero podría causar confusión en ustedes, personas que me leen. Prosigamos. Generé una deuda equivalente a $350. Luego, seguí entorpeciendo mi historial crediticio, pagando el monto mínimo, que vendrían a ser unos $290 todos los meses, pues en ese momento ganaba cerca de $475 mensuales. Si pagaba mi deuda completa, solo me quedarían cerca de $85 para vivir en ese mes, y por lo menos, en transporte era de $59 mensuales. Ya no me alcanzaría para consumos alimentarios, vivienda o servicios. En ese momento vivía en una habitación cerca a mi centro de trabajo, pero tenía que salir a comisiones, y la duración de la consultoría era de cuatro meses, sin incluir pagos por gratificación, descansos médicos u otras inclusiones que podía ganar como trabajadora de la empresa en la que estaba. En diciembre de ese año terminó mi consultoría, pero seguía pagando el mínimo de esa deuda de $290, gracias a otro ingreso menor como validadora de publicidad en una empresa de teletrabajo online. Para inicios del 2017 ya estaba hasta el cuello de esa deuda. Sí, sucedió y lo narro para que nadie más repita mi ejemplo.

1.4 Préstamos vehiculares

Un crédito vehicular es un préstamo para adquirir un auto otorgado por algún banco, caja de ahorros o financiera. Puedes tener el auto de inmediato y pagarlo hasta en 60 meses, contando con la opción de pago anticipado que es la cancelación total de la deuda antes de lo pactado, de la cuota comodín, que es dejar de pagar un mes y del seguro de desgravamen, dependiendo de cada entidad.

Por favor, toma el crédito vehicular con la moneda de tu país, no en dólares, debido a la inflación en el cambio monetario.

Trata de buscar 3 o 4 propuestas de diferentes entidades financieras. Ten en mente el auto al que aspiramos para que nos puedan hacer diversas cotizaciones de acuerdo al modelo, año y marca. A la entidad que ofrece la segunda mejor propuesta, le podemos presentar la propuesta que nos dio la primera entidad, y también proporcionales la tercera y cuarta mejor propuesta. De esta manera se promueve la competencia así como mejores condiciones de crédito.

No sé en ustedes, pero en mi país, Perú, se pueden vender autos de segunda mano (advierto que no solo segunda) Eso sí, buena parte de ellos tiene muchos años de antigüedad, se estropean cada cierto tiempo y generalmente el automóvil se usa para taxear, no entrarían a un app de taxis, pero pueden llevar carga ligeramente pesada. Se le explica a la entidad prestataria que el monto solicitado a crédito es para la adquisición de un automóvil de segunda mano. Ocurre la transacción dinero-auto, y entonces al carro lo empiezas a hacer trabajar de taxi, de taxi personalizado, de taxi compartido, y hasta transporte de diversos objetos.

Algunas entidades financieras ofrecen la denominada "Compra inteligente" que ofrece cuotas más bajas, y siempre que renueves tu auto continuamente. Este es un ejemplo: imaginemos que el auto que queremos comprar vale $10,000. En un crédito normal, asumiendo una inicial de $2,000 (20%), el banco nos prestaría $8,000 para poderlos pagar hasta en 60 meses. En el sistema de Compra Inteligente, se nos financiaría el 30% ($3,000) en dos años o el 40% ($4,000) en tres años. Al cumplirse el plazo tienes 2 opciones: te quedas con el auto y refinancias el monto restante o compras un nuevo auto con una nueva compra inteligente.

En caso de que tengas un auto puede ser usado como garantía vehicular y siendo parte de un préstamo, a eso se le llama préstamo prendario. Tu auto no se quedará con la entidad prestataria de crédito, pues se le instalará un chip en tu vehículo hasta que saldes tu deuda.

Generalmente en los préstamos prendarios tienen un contrato que se puede renovar si después del periodo no puedes devolver el monto. Ten en cuenta que al renovar deberás pagar los intereses y comisiones, y tendrás que hacerlo hasta que puedas pagar la deuda total, sino la entidad que te prestó el dinero rematará tu auto para recuperar el monto que te prestó.

La adquisición de un auto pasa de ser una inversión a un gasto, debido a que mientras más kilometraje, desarreglos en los neumáticos, capó, y más, el carro pierde un porcentaje de su valor, que irá en aumento con el paso del tiempo. Mejor ejemplo son los autos de las app de taxi, los solicitan casi nuevos, pues ya al perder su valor, se buscará uno nuevo que reemplace al de la flota.

De no cumplir con el cronograma de pagos, empiezan por llamar al cliente en repetidas ocasiones para notificarle de la deuda y de las posibles formas de solución y consecuencias, luego, se procede a realizar un aviso final. Si la deuda se genera a partir del no pago de las cuotas pertenecientes a un préstamo personal, la entidad aplicará intereses de morosidad y comisiones adicionales incrementando la cantidad de dinero que se debe, a la vez que la financiera ofrezca una reestructuración para ampliar el plazo y reducir el monto de las cuotas facilitando así el pago. De persistir en el no pago de deuda, cancelar la deuda, la institución prestadora iniciará a las acciones legales pertinentes que pueden concluir en un embargo el automóvil, bienes presentes y/o futuros del deudor.

Quien haya pasado esa situación de no poder contribuir para poder pagar el auto y superar ese amargo episodio en su vida, pues tiene mis respeto

1.5 Préstamos estudiantiles

Los préstamos para estudiantes son una alternativa para alguien en potenciar su desarrollo profesional y ampliar sus oportunidades en el campo laboral. Ten en cuenta los gastos adicionales que se generan debido al estudio como gastos de viaje y manutención, en caso de estudiar en una universidad extranjera, que podría elevar el costo del financiamiento, además de equipos o herramientas especiales para cursar los estudios. Revise todas las opciones financieras para poder hallar préstamos educativos que ayuden a financiar estudios no es nada complicado, por lo que se sugiere no contratar el primero que aparece en el camino. Se puede solicitar el crédito incluso si se encuentra a mitad de carrera.

Un amigo de la universidad, solicitó beca en la entidad del estado para cubrir parte de sus estudios en España y además, aportes familiares, reuniones de colaboración de parte de nuestros amigos en conjunto y el préstamo estudiantil que lo pidió a cierta entidad de caja rural, pudo al fin completar su viaje para llevar una maestría en ciencias políticas dentro de 2 años, cuyo cronograma de pagos se ha extendido a 5 años, contando los primeros de su maestría.

Tanto entidades públicas dedicadas a la educación, como entidades bancarias, financieras y cajas municipales otorgan diversos tipos de créditos educativos para materiales de estudios, pregrado, maestrías y doctorados. Su periodo de pago es de 5 años y su monto a prestar es el equivalente a US$ 30,000, y te asesora con facilidades.

Las instituciones educativas particulares también ofrecen préstamos educativos. Un ejemplo de lo que hablo son los préstamos que realizaba mi universidad particular para que, una vez terminada la carrera educativa, y más un empleo de la misma universidad, se terminaría de pagar en un tiempo determinado (en este caso hasta un máximo de 10 años) el crédito educativo solicitado. Desde luego que se tiene que cumplir algunas condiciones que la casa de estudios solicita al alumno, como estar en pregrado y ubicarse en el tercio superior, como uno de los mejores alumnos de su facultad, además de ubicarse en las escalas de pensiones medias y altas de la universidad (escalas son sistemas de pensiones en las que el alumno paga de acuerdo a su situación económica, en esta casa de estudios son de 9 niveles, siendo el 1 el más bajo y el 9 el más alto).

Ten en cuenta que si su préstamo no puede ser pagado, la entidad bancaria intentará cobrar su deuda directamente o a través de una agencia de cobranza, así como la toma de acciones legales. Procuremos no llegar a esa extremada medida.

1.6 Hipotecas

Es un contrato mediante el cual un deudor deja como garantía un inmueble al prestatario de quien recibe el monto crediticio. Así si el deudor no paga su deuda, el acreedor podrá vender el bien para cobrar el monto impago. Casas o terrenos son objetos de hipoteca, sin embargo también se presta para la figura vehículos u obras de arte. Un contrato hipotecario está formado por tres elementos clave como:

-El capital. Cantidad de dinero prestado que se irá devolviendo periódicamente hasta el pago completo de la deuda. Tu capital puede ser de $2000, $5000, $10000 o mucho más.

-**El periodo de tiempo estipulado** con anterioridad en el que se debe completar el pago de la deuda, así como todas las mensualidades de pago a las que el deudor ha de hacer frente. Cuando mi madre terminó de hacer ese arreglo de inmueble, que constaba de la construcción y habilitación de dos mini departamentos, el tiempo de pagos fue fijado en 3 años.

-El tipo de interés. Costo de más que el deudor paga al acreedor por haber pedido prestado ese dinero. Puede ser fijo o variable, se puede revisar periódicamente y cambiar la cantidad a pagar. He podido leer en los medios de comunicación de mi país que desde inicios de 2019, se ha mantenido constante la tendencia a la baja en las tasas de interés por créditos hipotecarios, y una de las razones es el contexto global, y una voraz competencia de la banca y una mayor participación de los programas estatales dedicados a vivienda.

Observa si tus bienes inmuebles no están correctamente inscritos en los Registros Públicos, podrías ver afectado tus derechos de propiedad frente a terceros y los de la entidad que te otorgó el crédito porque no se podrá inscribir la hipoteca. En las provincias de mi país, ciertas propiedades aún no tienen un título de propiedad que las respalde. Hay que tener cuidado con eso.

Un ejemplo es mi amiga, quien firma un contrato de hipoteca con una entidad bancaria, que pasa a ser el acreedor. En el contrato se establece que el banco le prestará un monto $50000 (capital) con una tasa de interés del 7% anual. Mi amiga pagará ese préstamo en un plazo de 20 años (en cuotas mensuales) dejando como garantía hipotecaria un terreno valorado en $70000.

Hay que diferenciar dos tipos de hipotecas:

Préstamo hipotecario. Es cerrado y debido a que tiene condiciones determinadas en el contrato, en caso de querer realizar alguna modificación como ampliar el plazo de duración e importe a financiar, una vez formalizado el préstamo, deberá sustituirlo por otro, de modo que el primero quede anulado.

Ten en cuenta que si el préstamo hipotecario sobre su vivienda u otro inmueble no ha sido abonado, la entidad acreedora solicitará a un juez la ejecución de la hipoteca. Tendrás otro plazo de más o menos un año para poder saldar la deuda, pero si tampoco lo haces en esta ocasión, se subastará su casa y tendrás que abandonarla, perdiendo cualquier derecho como propietario. Si no se consigue subastar la vivienda por el importe total debido al banco, más gastos, aún después de perder su casa, seguirás teniendo una deuda con el banco y este podrá exigir el pago a sus avalistas o embargar sus otros bienes.

Crédito hipotecario. Se trata de que la entidad financiera concede una cantidad de dinero determinada y el titular decide disponer del total o sólo de una parte. Cada vez que necesite un monto que quede pendiente, puede usarlo, siempre que este no supere el límite del crédito que le fue concedido.

También existe la hipoteca inversa, que es un crédito o préstamo garantizado con una hipoteca que recae sobre la vivienda habitual concedido de una sola vez o a través de prestaciones periódicas, a una persona que debe ser mayor de 65 años. La entidad bancaria te dará por la casa durante tu vida mientras tú puedes seguir utilizándola. Al fallecer y de acuerdo a la modalidad elegida, los herederos podrán elegir entre devolver el dinero al prestatario y recuperar la vivienda o cobrar lo que resta del préstamo.

Un ejemplo es lo que hizo el abuelo de un amigo mío, mientras estuvo vivo y a sus 72 años, hipotecó su casa y vivía del dinero que le entregó el banco. Al fallecer el anciano, los hijos estaban dudando entre pagar la hipoteca de su padre, porque era onerosa, o terminar de usar el dinero por hipoteca, que ya quedaba poco.

Existen varios tipos de crédito hipotecario:

- **Crédito hipotecario tradicional.** Se tratan de créditos personales para adquirir terrenos o bienes inmuebles, que luego funcionarán como garantía de pago, mediante el establecimiento de una hipoteca. Mi abuelo usó este método, hipotecando la casa en la que nació, para poder adquirir una casa en la capital, lo hizo para garantizar el pago de la segunda casa.

-Crédito hipotecario compartido. Es un crédito colectivo, un grupo de personas comparte la deuda. Al momento de la evaluación crediticia, los ingresos de los solicitantes se suman. Una colega de trabajo y su esposo optaron por ese tipo de crédito para la adquisición de un departamento en el distrito financiero de la capital. Sustentaron sus niveles de ingreso, a mayor ingreso, más posibilidad de tener dinero para pagar la deuda del crédito. Presentaron sus deudas actuales, debidamente pagadas en las fechas correspondientes. Y su historial financiero, infaltable.

-Crédito hipotecario para construcción. Se proporciona para la ampliación, remodelación, y/o construcción de una vivienda unifamiliar. La hermana de mi madre, ama de casa, heredó una casa de mi abuelo, y no había movimiento comercial en ello, pero sí los indicios de un futuro negocio de rentas: Dos tiendas y un callejón para negocio adicional. Mi tía solicitó este tipo de crédito para mejorar tanto las tiendas dentro de su inmueble, como las habitaciones que le hacían falta en su vivienda. Y le resultó rentable.

1.7 Otro tipos de deudas

Los otros tipos de deudas son las que se contraen con tarjetas de crédito bancarias o departamentales, que al usarlas ya manifiestas tu historial crediticio para las diversas entidades para futuros ofrecimientos de préstamos pero de no usarlas inteligentemente, reduce la capacidad de ahorro de dinero y si surgen situaciones de emergencia financiera, sería el inicio de nuestra desventura económica.

Los préstamos personales para pagar deudas no son buenos consejeros. Si no cuentas con un fondo de emergencias de al menos tres meses para poder hacer el pago de dicho crédito, desde ya considera tu historial crediticio con puntos en contra.

Ser aval de alguien que luego se convierte en moroso, también te puede acarrear deudas.

Repito y tal vez suene cargosa con eso, pero para toda deuda hay un plan de pagos acorde con lo que busques realizar: Viajes, bodas, y otros elementos que se consideren onerosos y necesitas de un respaldo crediticio lo que acarreará en deudas.

Capítulo 2 Cómo salir de todas las deudas

2.1 Toma el control:

Anota en una libreta dedicada a finanzas, a un lado tus ingresos y al otro lado anota los gastos por categoría:

-Transporte: cuánto gastas en gasolina, reparaciones, mantenimiento y seguro.

-Casa: Luz, agua, teléfono, servicio de Internet, televisión por cable, gas, mantenimiento o pago de crédito.

-Comida: haz un presupuesto aproximado de cuánto dejas en restaurantes (incluyendo los café con amigos). Si preparas en casa, cuánto gastas en la compra de productos.

-Recreación: salidas al cine, teatro, conciertos, viajes o cualquier otra diversión.

-Salud: chequeos médicos regulares, dentista, la compra de un medicamento de forma periódica.

-Seguros: de vida, de gastos médicos, de educación para tus hijos.

-Educación: escuela, clases privadas, cursos de interés.

-Pago de deudas: lo que debas abonar mensualmente o más si te es posible por una cuestión especial, como recibir tu aguinaldo.

-Gastos varios: Coloca las fugas que tengas al mes, por insignificantes que parezcan, porque estos son los que te hacen perder el control de tus finanzas como compras de catálogo, cosméticos, peluquería, lavandería, tintorería, visitas al spa, regalos de cumpleaños, entre otros.

2.2 Calcula tu capacidad de endeudamiento

La fórmula general está establecida así:

Capacidad de Endeudamiento = (Ingresos Totales mes – Gastos Fijos mes) x 0,35.

2.3 Con respecto a la deuda:

Un asesor de crédito de cualquier entidad bancaria, financiera o caja municipal puede ayudar a gestionar la o las deudas y enlistarlas, a hacer un presupuesto, así como hacer un plan de cuotas o reprogramar, que no afecta tu historial crediticio, para poder saldar ese compromiso. Negocia un pago justo para que no se incremente tu deuda.

Otra opción es el **refinanciamiento de una deuda,** afecta tu historial crediticio, pero podrás cancelar tu deuda con una nueva orden de pagos y también cambiará los montos actuales. Lo que pides es que la fecha de pago de tu próxima cuota se retrase un poco. Al no poder enfrentar ello, la tasa de interés que tenías inicialmente se mantendrá. Además, tampoco cambiará tu estado ante las centrales de riesgo.

La compra de deuda por parte de los bancos es una alternativa a considerar, pues esta opción te permitirá consolidar cada una de las deudas en una sola entidad. Los bancos te ofrecen esta opción si eres un buen pagador, no si ya estás en pérdida. Podrás uniformizar tus deudas y pagar un solo crédito a una entidad, con tasas inferiores. Todos los bancos están haciendo fila para fidelizarte por medio de ello, recibirás llamadas de ellos cada tanto. Solo no esperes mucho antes de solicitarla.

Revisa cuánto destinas al gasto hormiga como cafés matutinos, cigarros, meriendas o salidas con los amigos. Tendrás que hacer algunos sacrificios para descubrir tu capacidad de ahorro.

Devuelve las tarjetas de crédito a través de las cuotas de manejo:

Las cuotas de manejo es lo que te cobra el banco por darte una tarjeta de crédito. Si tienes cinco tarjetas de crédito estarás pagando cinco cuotas de manejo, y ese dinero podría usarse de mejor manera. Considera devolver las tarjetas de crédito y considera las cuotas de manejo.

Un truco para aplicar a la deuda número uno (de tener muchas deudas), paga el mínimo más el 10% que lograste ahorrar con tu recorte de gastos. Sigue así hasta que liquides el totalmente tu primera deuda. No suspendas el pago mínimo del resto de tus deudas. Generalmente se recomienda evitar el pago mínimo al máximo, pero se usa en este supuestamente porque no puedes hacer un pago mayor. Al terminar la deuda uno, pasa a la número dos. A este pasivo debes destinar el pago mínimo, más el monto que realizabas para la deuda uno. Repite este proceso hasta liquidarla. Saldadas tus deudas continúa ahorrando el 10% de tu ingreso y convierte el acelerador de pagos en generador de ahorro permanente.

Usa el método 50-30-20: El 50% del dinero de tu sueldo lo tienes que dedicar a gastos básicos. El último 30% va destinado a gastos personales. Y el 20% del dinero que ganas tiene que ir dedicado al ahorro.

También puedes ahorrar la mitad de tus ingresos sea aumento de sueldo, trabajo particular, incentivos laborales, ventas de objetos en desusos, en caso de que quieras crear un fondo a largo plazo.

Haz abonos al capital: Ejemplifiquemos de esta manera; Si debes $100 y te cobran un interés de $5 dólares mensuales, y lo único que haces, mes a mes, es sacar los $5 de tu billetera, nunca pagarás tu deuda. Los abonos al capital se trata de ese dinero extra que das para que la base, o el capital, es decir los $100 del ejemplo, se reduzca y por ende, los intereses también.

En el caso que decidas hacer un aporte a capital a tu deuda con el banco, tienes dos opciones:

O se reduce el monto de la cuota, es decir que pagues menos; o reducir el tiempo del préstamo, lo que implica que sigas pagando lo mismo pero durante menos tiempo.

Para poder salir de las deudas, el automatizar sus facturas cada mes, se asegurará de ayudarlo a reducir los montos que debe.

Empeñar es una forma de obtener dinero de manera fácil porque puedes convertir en dinero en efectivo, las cosas que ya tienes en casa y cubrir una deuda. Sin embargo una vez que las empeñas y quedan en manos de la casa de empeño te será más costoso recuperarlas y corres el riesgo de no poder hacerlo si no pagas a tiempo. Los plazos varían en cada casa de empeño y dependiendo de los artículos: Joyas, relojes con maquinaria suiza fina, autos, bicicletas, cámaras fotográficas y de video, consolas de videojuegos y juegos de video, equipo de cómputo, electrónicos, minicomponentes, televisores y pantallas de última tendencia, Smartphone, baterías de cocina y vajillas, electrodomésticos, línea Blanca, salas, comedores y recámaras, instrumentos musicales, herramientas mecánicas y eléctricas y artículos de piel.

No más créditos porque es contradictorio, los intereses y el mal manejo de los recursos pueden elevar aún más la deuda. Las deudas NO se pagan con más deudas.

Si tienes un plan de jubilación a cuenta de empresa en la que laboras, puedes conseguir un préstamo de la empresa del dinero de tu jubilación. Te evita pagar impuestos adicionales y penalizaciones, si eres puntual en el pago, porque de no pagar el préstamo tras un plazo, entonces tendrás que pagar esos impuestos y penalizaciones. Y ten cuidado en caso de perder tu trabajo, pues tendrías que pagar el préstamo inmediatamente y pagar los impuestos por la retirada antes de tiempo del dinero.

Un seguro de vida te permitirá solicitar dinero prestado de la póliza a un tipo de interés muy bajo para solucionar tus problemas de deudas. No tienes que devolver este préstamo, pero los beneficios del seguro de vida serán reducidos por la cantidad que pidas prestada además del interés.

Como última alternativa elegirías la bancarrota para solucionar tus deudas. Declararte en bancarrota es un alivio temporal en tus deudas, sin embargo creas un impacto negativo en tu historial crediticio que afectará a futuras solicitudes de préstamos.

2.3 Préstamos vehiculares

Si van a comprar un automóvil compara las tasas de interés que ofrecen las entidades financieras y elige entre los mejores créditos vehiculares.

Será necesario que el cliente ejecute una entrega inicial que debe ser de entre el 10% y el 40% del valor del auto dependiendo del plazo seleccionado y de la entidad. El desembolso incluye el seguro para el automotor y el desgravamen, en lo posible trata de que esa entrega sea lo más grande posible para reducir el plazo y los intereses establecidos para el crédito.

En el caso del préstamo prendario, se deberán cancelar las obligaciones monetarias que establece el contrato con el cual el vehículo contrajo las prendas. Mientras no se pague la deuda a la empresa acreedora de la prenda, no se podrá levantar la prenda.

Un ideal es que pagues tus cuotas en tres y no cinco años, pues el auto tiene un valor de reposición. Luego de ese tiempo, vendes el auto y ese dinero te puede servir para la cuota inicial y por el saldo que resta, nuevamente buscas otro crédito. Así, cada tres años tienes un auto nuevo y no te sobreendeudas.

Si tu deuda vehicular está en dólares y tus ingresos en moneda nacional o estás sobreendeudado, prepagar la deuda es una buena opción, porque de bajar el tipo de cambio, compra dólares para prepagar la deuda.

Otra opción a considerar son los fondos colectivos, que se tratan de un fondo de ahorro a través del cual se obtienen bienes y servicios, en este caso, un auto. Un grupo de personas se juntan y todos realizan pagos programados de manera mensual, que permiten que cada uno de ellos acceda al vehículo por el que está pagando. Al inscribirte, deberás comprar un certificado y el número de cuotas dependerá de cada caso en particular; una vez que terminas de cancelarlas, accedes al vehículo. Ten en cuenta que el auto no será entregado al inicio y seguirás pagando por él. Averigua si el modelo que te gustaría adquirir está disponible en esta modalidad. También puedes prescindir del "termino de pagar y me lo llevo", pues si cuentas con un monto de dinero alto, puedes rematar pagando varias cuotas y así salir del pago más rápido. El costo será menor a comparación de las entidades bancarias, pues no estás pagando intereses. Las entidades de fondos colectivos solicitan menos requisitos que cuando pides un crédito vehicular, como documento de identidad, recibo de servicios y algún documento con el que se pueda acreditar los ingresos, como tu última boleta de pago.

2.4 Préstamos estudiantiles

Siempre elija un monto mensual que pueda pagar. Averigua sobre los programas de condonación, cancelación y anulación tan pronto como sea posible, ya sea dentro de las diversas entidades o de las instituciones educativas que lo proporcionan. También puedes realizar adicionales y especificar cómo aplicar, en este caso al préstamo estudiantil, lo que hará es reducir la cantidad de intereses así como el costo total del préstamo.

Trabajar horas extras en el empleo actual y conseguir un segundo trabajo con condiciones flexibles, o contar con un trabajo en línea, ayudarían a contribuir a la disminución del crédito. Opta también por comenzar un negocio online y minimizar los gastos. No es recomendable dejar de pagar ni declararse en bancarrota, porque aparte de hacer añicos a tu historial crediticio, tu deuda seguirá extendiéndose.

2.5 Préstamo hipotecario

Los bancos tienen toda la intención de renegociar tu hipoteca y tú, de ser asertivo con el acreedor para obtener mejores condiciones de pago. Negocia:

-Mejores condiciones (novación).

-Traspasar la hipoteca a otra entidad (subrogación).

-Son más flexibles para no quedarse con otra hipoteca impagada.

Recuerda que para dar por terminada la hipoteca no basta con que se haya devuelto la totalidad del préstamo, sino que debe constar en el Registro, ya que si no se hace la hipoteca seguirá figurando como "viva". Para ello es necesario que el banco consienta la cancelación y los gastos van a cargo del prestatario.

2.6 Otros tipos de préstamo:

Al contratar un préstamo personal usted pone de garantía la totalidad de sus bienes presentes y futuros para que en una situación de impago prolongado la entidad pueda conseguir que un juez embargue estos bienes, que incluyen su vivienda, su coche, sus cuentas bancarias, parte de su pensión, etc., todo lo necesario para saldar la deuda.

La mayoría de los deudores crónicos involucran de manera directa o indirecta a familiares y amigos en sus deudas, pero de manera nociva: pidiéndoles que salgan como garantía de sus préstamos, pidiéndoles directamente dinero prestado o utilizando sus recursos para endeudarse a escondidas y sin decirles nada. Involucra a familiares y amigos de una manera distinta, habla con ellos y cuéntales con sinceridad el nivel de deudas, situación judicial (de haberla) y demás cuestiones derivadas. La única forma que tiene el entorno de ayudar en este problema es vía apoyo afectivo y comprensión. Ya no pidas más de ellos.

Tú tampoco asumas deudas de otras personas, por mucho que las quieras o las aprecies, no es una alternativa positiva para tu bolsillo. Te lo explico de esta manera: Tienes un conocido que acaba de asumir un compromiso con el banco o entidad financiera, el cual pide como requisito un fiador.

Para tu sorpresa eres tú la persona elegida, así que tienes que saber que si ese conocido no puede asumir el pago, tú tendrás que dar la cara. En el momento que esa persona deja de pagar su deuda esta se convierte en tu responsabilidad. Y en este caso, si apenas estás lidiando con aprender cómo salir de deudas tuyas, imagina cómo te afecta tener que pagar las de alguien más.

Las tarjetas de crédito o los préstamos a sola firma deberían eliminarse directamente de su día a día. Recomiendo dejar los plásticos "descansando" en algún cajón de la casa y no llevarlos encima, para evitar así las tentaciones.

Elabora un plan de austeridad: Dile adiós al café en la calle, el taxi, las comidas afuera y todos esas "deudas hormigas" deben ser eliminados hasta tanto el caudal de deudas haya disminuido. Se necesita fuerza de voluntad para resistirse a gastar.

Genera ingresos extras con los ingresos pasivos que vendrán luego de alquilar en parte o todo el sitio en que vives. Monetiza tus aficiones. Hay personas que su amor a la fotografía, los videos y las narraciones, terminan haciendo negocio de ello. Te pagan por lo que te gusta.

Podrías siempre pagar la deuda con mayor tipo de interés, a la manera tradicional, porque acabas antes con las deudas que te provocan mayores intereses, reduciendo tu coste final.

Otro método conocido como bola de nieve, requerirá de estos pasos para pagar las deudas.

1. Ordena tus deudas de menor a mayor cantidad de dinero endeudada.

2. Realiza los pagos mínimos en todas tus deudas.

3. En la primera deuda, aquella con la cantidad más pequeña, dedica todos los ahorros y el dinero extra obtenido en los pasos anteriores.

4. Una vez acabada esta deuda, pasa a la siguiente. Y así sucesivamente.

El Método "Tsunami" se trata de ordenar tus deudas por el orden en que TÚ CREAS. ¿Cuál es la deuda que más te molesta tener? ¿La compra de la última consola? ¿La ayuda que te dieron tus padres para llegar a fin de mes? Por ahí empiezas a sanear deudas.

Opta tranquilamente por un préstamo de consolidación de deudas, para salir ya e inmediatamente. Es un préstamo personal que se utiliza específicamente para combinar múltiples deudas en un solo pago mensual. Obtén ese préstamo y usa los fondos que recibes para pagar deudas múltiples del mismo tipo. Las ventajas es que simplifica el reembolso, reduciéndolo a una factura, así como la tasa de aplicada a la deuda, que te da para el ahorro de dinero. Otra reducción es la del pago mensual, aunque también hay fijos, hace que el pago de la deuda sea más eficiente. ¿Y cómo termino de usar esa maravilla? Solicitas un préstamo por un monto que cubra todas las deudas que deseas consolidar. Ya aprobado, los fondos del préstamo se distribuyen para pagar todas esas deudas. Así que solo te queda este préstamo para pagar.

2.7 Deudas y Trabajo

De esto poco he hablado pero vale la pena hacerlo, si estás en las centrales de riesgo de tu país como persona deudora, es lo primero que harán ciertos empleadores para verificar antes de contratar personal, que los candidatos no figuren en las centrales de riesgo. Lo hacen para conocer que sus próximos trabajadores no sean personas morosas o malos pagadores.

2.8 Deudas y salud:

De acuerdo a algunas informaciones periodísticas, a medida que nuestra deuda crece, nuestra salud se debilita. Aún los investigadores están en la fase de tratar de mapear el patrón de asociación con precisión".

Por ejemplo, un estudio en 900 adultos de Ohio, Estados Unidos, encontró que las deudas en tarjeta de crédito y el estrés por esas deudas estaban asociados con una mala salud. Pero los investigadores no pudieron probar su causalidad. Uno de los investigadores manifestaron que "muchos de los acontecimientos importantes de la vida que pueden resultar en el endeudamiento (pérdida de empleo, divorcio, etc.), también pueden impactar de manera independiente la salud, por lo que es importante separar esos caminos y trayectorias".

Una revista de Salud Pública Europea afirmó que "Los adultos endeudados son tres veces más propensos a tener un trastorno mental común que los adultos sin deudas". Así que por tu bienestar, vive un estilo de vida saludable y positivo, estarás en forma tanto físico y mental que representará menos gastos médicos y una perspectiva positiva en la vida que ayuda a tener buenos hábitos financieros.

Quiero hacer énfasis en cambiar el comportamiento que nos llevó a esto. Ni ganar la lotería puede resolver tus problemas si no aprendes a gastar menos de lo que tienes. Así se demuestra: Si tienes $20.000 en deuda con la tarjeta de crédito, no saques un préstamo de $25.000 para pagar esa deuda y comprarte cosas que no necesites, dando una falsa apariencia. ¿Te endeudaste porque perdiste el trabajo? Ok. Una vez que salgas de las deudas crea un fondo de emergencia para que eso no te suceda nuevamente y parte del cambio es decir NO: NO a los gastos sin sentido, NO a las deudas, NO a más créditos mientras estés en proceso de recuperación, NO a las salidas nocturnas, NO a las tarjetas de crédito adicionales.

Despiértate temprano: Parece una frase cliché, pero no lo es, de hecho, muchos millonarios se despiertan antes que tú. Un ejemplo es Tim Cook, quien despierta a las

4:00 de la madrugada, atiende entre 700 y 800 mails diarios y hace ejercicio en el gimnasio antes de irse a la oficina para ser de los primeros en llegar. El truco está en dormirse de buen humor, levantarse muy temprano y hacer ejercicio.

Como un dato interesante a tener en cuenta: Tras la muerte de un familiar, tienes que averiguar si el difunto dejó deudas pendientes al sistema bancario o al Estado. Para ello, debe tramitar la partida de defunción del fallecido y comunicarse con la central de riesgos de tu país para saber si existe alguna cuenta con un banco. Si la persona fallecida posee alguna obligación pendiente como un crédito hipotecario o vehicular a largo plazo, la deuda se hereda y son los familiares quienes deberán asumir el pago, aunque es importante determinar que el banco solo podrá cobrar la sucesión a partir de la herencia que dejó el difunto y no de sus bienes personales. Y previendo este tipo de situación, la mayoría de bancos y cajas municipales cuenta con los seguros desgravamen, que exime a los herederos de pagar el saldo del crédito solicitado. Cabe señalar que este seguro se activa siempre y cuando el difunto haya estado al día en sus pagos, pues en caso de que haya pagos atrasados, sí o sí deben ser cancelados.

Conclusiones:

Tú decides enfrentar a la deuda

Si sufres un cambio en tu situación económica, como un despido o un alto en tus ingresos pasivos, acércate a tu banco para comunicarles el problema antes del vencimiento del pago y poder negociar una solución. Nunca te quedes callado.

No todo está perdido cuando te endeudas. Cuando ves que tus ahorros están disminuyendo y sigues endeudado, piensa en frío, que no te gane la emoción, tú gánale a ella, calculando ingresos, egresos deudas y activos, y con ese bagaje, te empoderarás y te dirigirás a tu asesor financiero para que te guíe y haga todo lo posible para que tú y tu entidad bancaria queden en buenos términos de pago.

El segundo libro de Arianna Huffington fue rechazado por 36 editores antes de que lo publicaran. Leyendo su historia me quedé perpleja, creyendo que por unos errores me sacaron de las mesas de redacción. Y ahora veo que cometen peores errores en mi excentro laboral y no puedo aguantar una risita muy disfrutada mientras preparo este libro para que tú, lector, no caigas en los errores.

Otra inspiración que encontré es Henry Ford, pues antes de construir su imperio fundó la Compañía de Automóviles de Detroit, que fracasó después de dos años de funcionamiento y con sólo 20 coches construidos. Al cabo de un buen tiempo, pudo resurgir con la marca que hoy conocemos.

Supongo que a este par de ejemplos les debe haber ocurrido lo que nosotros con las deudas y el fracaso inminente: preocupaciones, angustias, pensando en que te pueden embargar todo y no tendrás ni un hoyo para caer muerto.

Eso pasa si te quedas en silencio y comienzas a evadir tus responsabilidades monetarias. Oye, está bien, te sientes culpable de haber gastado una parte de tu sueldo en ese delicioso chocolate, en ese atractivo postre salado y que lo pagaste con dinero plástico otra vez. Bien, sé consiente de que unos caprichos más y estarás en la calle pelada, con una mano adelante y una atrás. Piérdele el miedo a la deuda porque si lo piensas bien financieramente, la deuda jugará a tu favor. Así que agarra papel y lápiz, siéntate en el escritorio y saca las cuentas y verás que mucho gastas y poco ahorras.

Ahora que ya sabes la técnica del 50-30-20, no demores más y hazlo. Y si las deudas te invaden, ya sabes que la función del asesor financiero es la de asesorar, a que veas la luz al final del túnel, y que tú también estés dispuesto a pagar puntualmente y que busques más ingresos para cumplir tu palabra.

¿Se acuerdan que mencioné a mi fallecido profesor al inicio del capítulo? Bien, era un hombre que había trabajado y generado deudas a la vez: instrumentos de trabajos, familia, inmueble y seguro educación para los suyos. Periodista, publicista, llegó a ser parte del equipo de comunicación de la Presidencia del Consejo de Ministros. Con toda la experiencia que tenía, no se conformó con ser un comunicador más. Para generar más ingresos estudió para ser catador de vinos, y su sueño de abrir una tienda de pastas italianas pudo cumplirlo. Le guardo un respeto porque fue el primero quien me advirtió que la carrera era de cierta manera muy ingrata. Lo habló con conocimiento de primera mano. Era tan bueno en prensa que lo hicieron a un lado. Era tan bueno dictando el curso que le tocaba en la universidad que se abrieron dos salones más para que dicte él, que, movidas internas de algunos profesores lo hicieron a un lado de los cursos. Optó por corregir textos para tener un ingreso y así dar vida a la aventura del vino y del restaurant de pastas. Claro que tenía deudas como decía, pero esto no lo hizo rendirse. Más bien, fue la muerte tan terca que lo hizo a un lado de la vida para llevárselo a su lado.

La peluquería-bazar-librería estaba en declive, y mi madre no tuvo mejor idea que pedir prestado dinero a la hermana de una amiga suya. La señora era literalmente como el banco, pero como decíamos líneas arriba, hasta el banco te da oportunidades. Mi madre al parecer no aprovechó los pocos chances que le dio esta prestamista, la cual cuando vio que mi madre no pagaba la deuda, comenzó a perseguirla, hostigarla en el maltrecho negocio y al no obtener respuesta, como no podía enviarla a la cárcel por deudas, optó por embargar el auto de mi padre, de propiedad conyugal. Es ahí donde mi mamá reaccionó y concilió un cronograma de pagos para poder cancelar la deuda lo más pronto posible. Sí, conciliaron y nunca más vi a la señora, pero a mi mamá la dejó más astuta y hábil con respecto a negocios.

Así que no te angusties si tienes una deuda que en este momento la puedes creer impagable. Buscando soluciones, las encontrarás.

Como último caso, quiero comentar la deuda en la que se escabulló mi mejor amigo de la universidad. Como ganaba lo suficientemente bien en su anterior trabajo, viajó 2 veces a México para así poder visitar a su pareja. Como sabrán los viajes aéreos y los tours generan un gasto increíble. Él recién estaba comenzando a pagar el viaje cuando lo sacaron de su trabajo. Tuvo que solicitar la refinanciación de la deuda porque si no, no podía seguirse solventando en el siguiente trabajo en donde le pagaban lo mínimo del sueldo. Así que ejemplos hay varios, pero el poder de decidir sobre cómo salir de tus deudas, lo tienes tú.

www.ingramcontent.com/pod-product-compliance
Lightning Source LLC
La Vergne TN
LVHW051633071026
849535LV00009BA/3566